MW01702209

Mannix

L'AGENT 212

À L'EAU POLICE

Dessin :
Daniel Kox

Scénario :
Raoul Cauvin

Couleurs :
Laurent Carpentier

DUPUIS

SPIROU.COM
Dépôt légal : octobre 2007 — D.2007/0089/126
ISBN 978-2-8001-3918-0 — ISSN 0771-8004
© Dupuis, 2007.
Tous droits réservés.
Imprimé en Belgique.
www.dupuis.com

Poulet à l'eau

Poulet en pétard

Le poulet fait le mort

M... MAIS C'EST UN CERCUEIL !
JE NE VOUS LE FAIS PAS DIRE.
ET... ET IL Y A QUELQU'UN DEDANS ?
OH, ÇA J'EN SAIS RIEN, MOI. J'AI PAS REGARDÉ.
C'EST POUR ÇA QUE JE VOUS AI APPELÉ !
MOI !?
HMM... DITES, ON DEVRAIT PEUT-ÊTRE APPELER LA POLICE...
? MAIS C'EST VOUS, LA POLICE !
HEIN... HEU... BIEN SÛR, JE PLAISANTAIS.
HÉ HÉ
HMM
BIEN... HMM... AVEZ-VOUS UN MANCHE DE BROSSE ?
MM... JE DOIS AVOIR ÇA.
PEU APRÈS...
TAP TAP
EUH... DITES, MONSIEUR L'AGENT, S'IL Y AVAIT QUELQU'UN DEDANS, ÇA M'ÉTONNERAIT QU'IL VOUS RÉPONDE.
TAP TAP
VOUS AVEZ PEUT-ÊTRE UNE MEILLEURE IDÉE ?
BEN OUI. IL FAUDRAIT L'OUVRIR.
2

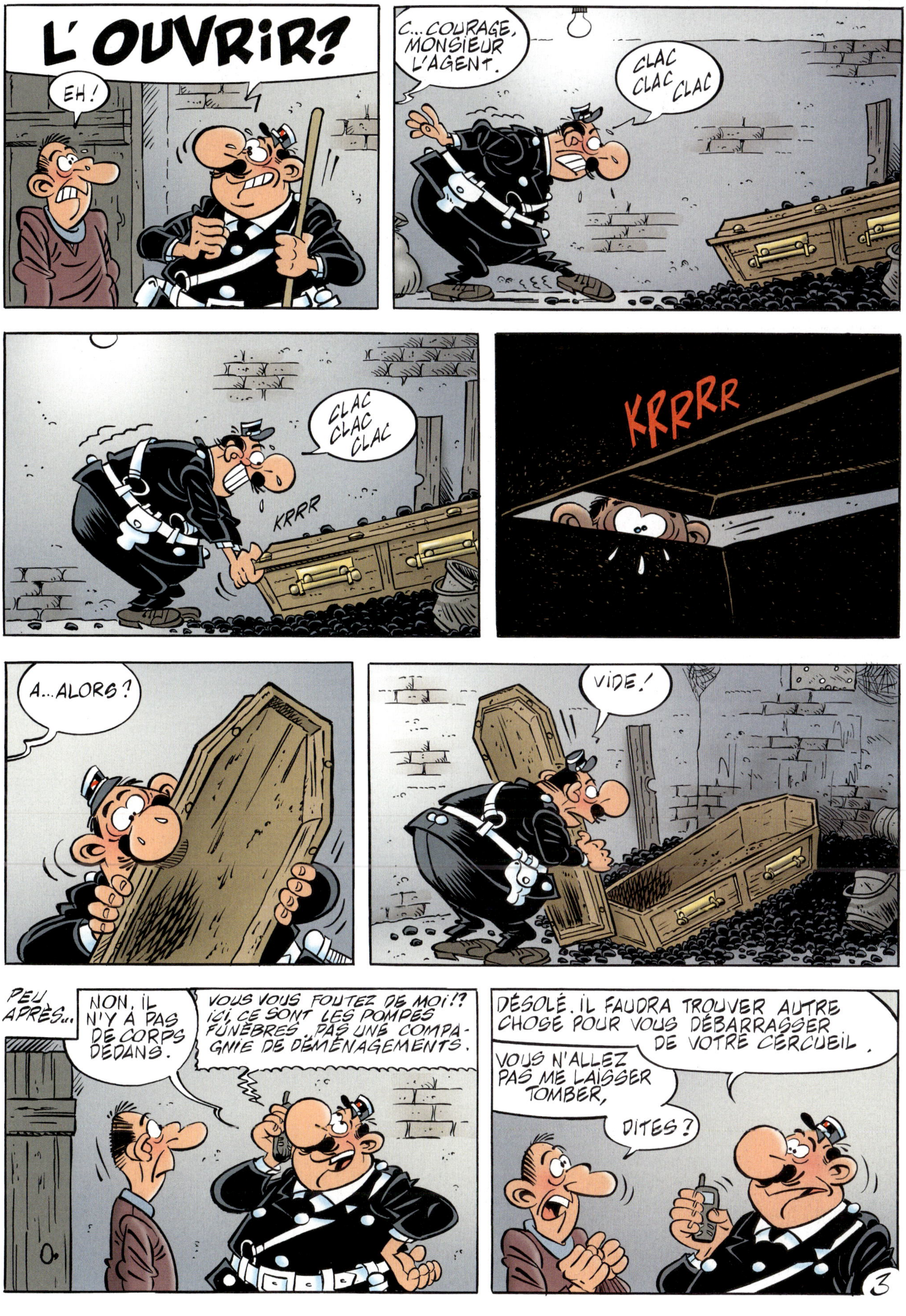
L'OUVRIR?
EH!
C... COURAGE, MONSIEUR L'AGENT.
CLAC CLAC CLAC
CLAC CLAC CLAC
KRRR
KRRRR
A... ALORS?
VIDE!
PEU APRÈS...
NON, IL N'Y A PAS DE CORPS DEDANS.
VOUS VOUS FOUTEZ DE MOI!? ICI, CE SONT LES POMPES FUNÈBRES, PAS UNE COMPAGNIE DE DÉMÉNAGEMENTS.
DÉSOLÉ. IL FAUDRA TROUVER AUTRE CHOSE POUR VOUS DÉBARRASSER DE VOTRE CERCUEIL.
VOUS N'ALLEZ PAS ME LAISSER TOMBER,
DITES?
3

T. Kox 07 - Cauvin

Tartes au poulet

F. Kox 07 - Cauvin

Ire de poulet

LE LENDEMAIN...
...ET IL S'EST INSTALLÉ DANS LA CABANE DE JARDIN, ET REFUSE D'EN SORTIR.
TSS... SI C'EST PAS MALHEUREUX D'ÊTRE AUSSI PETIT...
MAIS BON. JE VAIS RÉGLER CE PROBLÈME. JE SAIS COMMENT PARLER À CE GENRE D'HOMME.
T... TU CROIS ?
TU VAS VOIR...
COUCOU, ARTHUR. C'EST BELLE-MAMAN.
TOC TOC
C'EST À QUEL SUJET?
MON CHER ARTHUR, OUBLIONS NOS DIFFÉRENDS, VOULEZ-VOUS ?
FAISONS UN EFFORT, ET TROUVONS UNE SOLUTION AFIN DE COHABITER DANS LA PAIX...
ET JE VOUS JURE DE NE PLUS VOUS TRAITER DE SIMPLE PETIT FLIC. D'AILLEURS, CE N'EST PAS DE VOTRE FAUTE. TOUT LE MONDE NE NAÎT PAS AVEC LE MÊME Q.I.
MM... MOUAIS, IL Y A PEUT-ÊTRE UNE SOLUTION.
AH! VOUS VOYEZ ?
PLUS TARD...
HMM... BONNE NUIT, MAMAN...
TU VIENS TE COUCHER MA CHÉRIE ?
2 N°5o9
D. Kox 06 - CAUVIN
STOP

Porté disparu

MONSIEUR VANVARENBERG...
OUI ?
RHAAAA
SACRÉNOMDENOM ! SAVEZ-VOUS QU'IL Y A UN TAS DE GENS QUI VOUS CHERCHENT PARTOUT ?
JE M'EN DOUTE.
À VRAI DIRE, J'IGNORE DEPUIS COMBIEN DE TEMPS J'ERRE DANS CE BOIS... IL M'ARRIVE DE TEMPS À AUTRE D'AVOIR DE TERRIBLES PERTES DE MÉMOIRE QUI ME FONT PERDRE TOUT SENS DE L'ORIENTATION...
ET ÇA VOUS FAIT RIRE !?
NON, NOOON ! SURTOUT NE CROYEZ PAS CELA...
JE SOURIS EN PENSANT À LA TÊTE DE MES COLLÈGUES QUAND ILS S'APERCEVRONT QUE JE VOUS AI RETROUVÉ... VENEZ, ON RENTRE.
QUELQUE CHOSE NE VA PAS ?
J'AI OUBLIÉ MON CHIEN !
?
KIKIIIII... KIKI...
2

VOULEZ-VOUS QUE JE VOUS AIDE À LE CHERCHER ?
EUH... AVEC PLAISIR, MERCI.
KIKIIIII
KIKIIIII...
KIKI
KIKI
KIKIIIII
AH ! QUAND MÊME...
ARF
ARF
MONSIEUR VANVARENBERG...
MONSIEUR VANVARENBERG...
PLUS TARD...
ALORS ?
RIEN.
3 N°508

CAUVIN-

But !

OUAIS...
OUAiiiS !
VAS-Y, TU PASSES !
WIF
WIF
OUIII, C'EST BON ! C'EST BON !
WIF
MAINTENANT, TIRE... TIRE !
WIF
BLAM BLAM BLAM
ALLEEEZ, TIRE...
JE TE DIS DE TIRER, NOM DE
PAF
KLINK
KLINK
C'ÉTAIT QUOI CE BRUIT, ARTHUR ?
HEU... C'EST BUT...
510
J. KOX 06 - CAUVIN

Le poulet voit rouge

DIS DONC. SI TU VEUX FAIRE UN MUR, IL FAUDRA CHANGER DE QUARTIER.
MAIS BIEN SÛR.
HÉ HÉ...
M... MAIS JE NE RÊVE PAS! C'EST BIEN VOUS, ARTHUR!
?
?
JE NE PEUX PAS LE CROIRE. VOUS N'AVEZ PAS HONTE?
NOOON! PAS ELLE!
MA FILLE EST DONC MARIÉE À UN VOYOU!
M...MAIS NOOON...
??
VOUS, UN POLICIER ASSERMENTÉ! C'EST UN SCANDALE!
GRL...
!
HMM... HÉ HÉ...
HMM... L... LAISSEZ-MOI VOUS EXPLIQUER...
HMM
PLUS TARD...
OÙ EST TA MÈRE ?
iiiiiH
2 311

Méprise

!
SCRITCH
SCRITCH
M... MAIS C'EST LÉON!
?
COMMENT VAS-TU, VIEILLE BRANCHE ?
TAP
ARG
DIS DONC, T'AS PRIS DU VENTRE, TOI !
OUMF
BOUF
ÇA FAIT PLAISIR DE TE REVOIR...
PAF
PAF
PAF!
OUG
TU TE SOUVIENS AU CLUB DE BOXE... C'ÉTAIT LE BON TEMPS, HEIN ?
PAF PAF PAF!
MAIS JE NE SUIS PAS LÉON!
COMMENT?..VOUS N'ÊTES PAS LÉON ?
N... NOOON !
SINCÈREMENT DÉSOLÉ.
VROM
!
507
CAUVIN
STOP

Le poulet se déguise

Drôle de cabot

BON, ALLEZ. SUIVEZ-MOI.
MAIS JE VOUS JURE, IL ÉTAIT LÀ!
MOI, UN JOUR, C'EST UNE GIRAFE QUE J'AI VUE TRAVERSER LA RUE...
VOUS NE ME CROYEZ PAS, HEIN !?
JE VOUDRAIS BIEN, MAIS MALHEUREUSEMENT VOUS ÊTES LE SEUL À L'AVOIR VU.
ELLE AVAIT UNE CANNE, UN STRING ET DES HAUTS TALONS.
ET ALORS ?
JE ME SUIS RETROUVÉ DANS UN PLATANE, ET C'EST CE JOUR-LÀ QUE J'AI JURÉ DE NE PLUS TOUCHER UN VERRE D'ALCOOL.
VENEZ, NOUS RÉGLERONS CELA AU POSTE.
PEU APRÈS...
VOUS VOUS FOUTEZ DE MOI?
MAIS JE VOUS JURE, MONSIEUR LE COMMISSAIRE... IL ÉTAIT AU MILIEU DE LA RUE ET...
ON LUI A FAIT PASSER L'ALCOOTEST AU MOINS ?
BIEN SÛR, MONSIEUR LE COMMISSAIRE.
RÉSULTAT ?
NÉGATIF, MONSIEUR LE COMMISSAIRE.
AH, VOUS VOYEZ!
AH, VOUS, ÇA VA, HEIN? VOUS ALLEZ RESTER ICI POUR FAIRE VOTRE DÉPOSITION.
QUANT À VOUS 212, ESSAYEZ DE TROUVER DES TÉMOINS ASSEZ IDIOTS POUR APPUYER SES DIVAGATIONS.
BIEN COMMISSAIRE.
UN CHIEN AVEC UN TUTU, DES LUNETTES, UNE CASQUETTE ET DES GRELOTS... POURQUOI PAS KING KONG AVEC UN KILT ET UNE CORNEMUSE, TANT QU'IL Y ÉTAIT.
IL Y A DES GENS, J'VOUS JURE...
IIIIIIIIIIIII
BANG
BING

QU'EST-CE QUI VOUS A PRIS DE FREINER COMME ÇA?
C...C'EST QUE VOUS NE DEVINEREZ JAMAIS CE QUE JE VIENS DE VOIR...
?
QU'EST-CE QUE VOUS AVEZ VU ?
JE N'OSE PAS LE DIRE.
VOUS NE ME CROIREZ PAS.
MAIS SI !
MAIS SI !
UN CHIEN BLANC AVEC UN TUTU, DES LUNETTES, UNE CASQUETTE ET DES GRELOTS.
?
NON!?
AU MÊME INSTANT...
DITES DONC, VOUS, JE VOUS AVERTIS QUE SI VOUS PERSISTEZ AVEC VOS ÂNERIES, JE VOUS COLLE UNE PAIRE DE BAFFES...
MAIS...
BON... VOYONS VOIR... GNGN-GN... OUAIS. JE GARDE LE CHIEN BLANC, ET JE LAISSE TOMBER LA CASQUETTE, LES LUNETTES, LE TUTU ET LES GRELOTS. D'ACCORD ?
AH NON, PARDON. IL AVAIT BIEN UNE CASQUETTE, DES LUNETTES, UN TUTU ET DES GRELOTS...
?
?
QUI C'EST, CELUI-LÀ?
EUH... AHEM. UN TÉMOIN, MONSIEUR LE COMMISSAIRE.
HEM.
VOUS L'AVEZ VU AUSSI ?
COMME JE VOUS VOIS.
C'EST À PEINE SI J'AI PU FREINER À TEMPS POUR L'ÉVITER.
C'EST CE QUE JE ME TUE À LEUR DIRE.

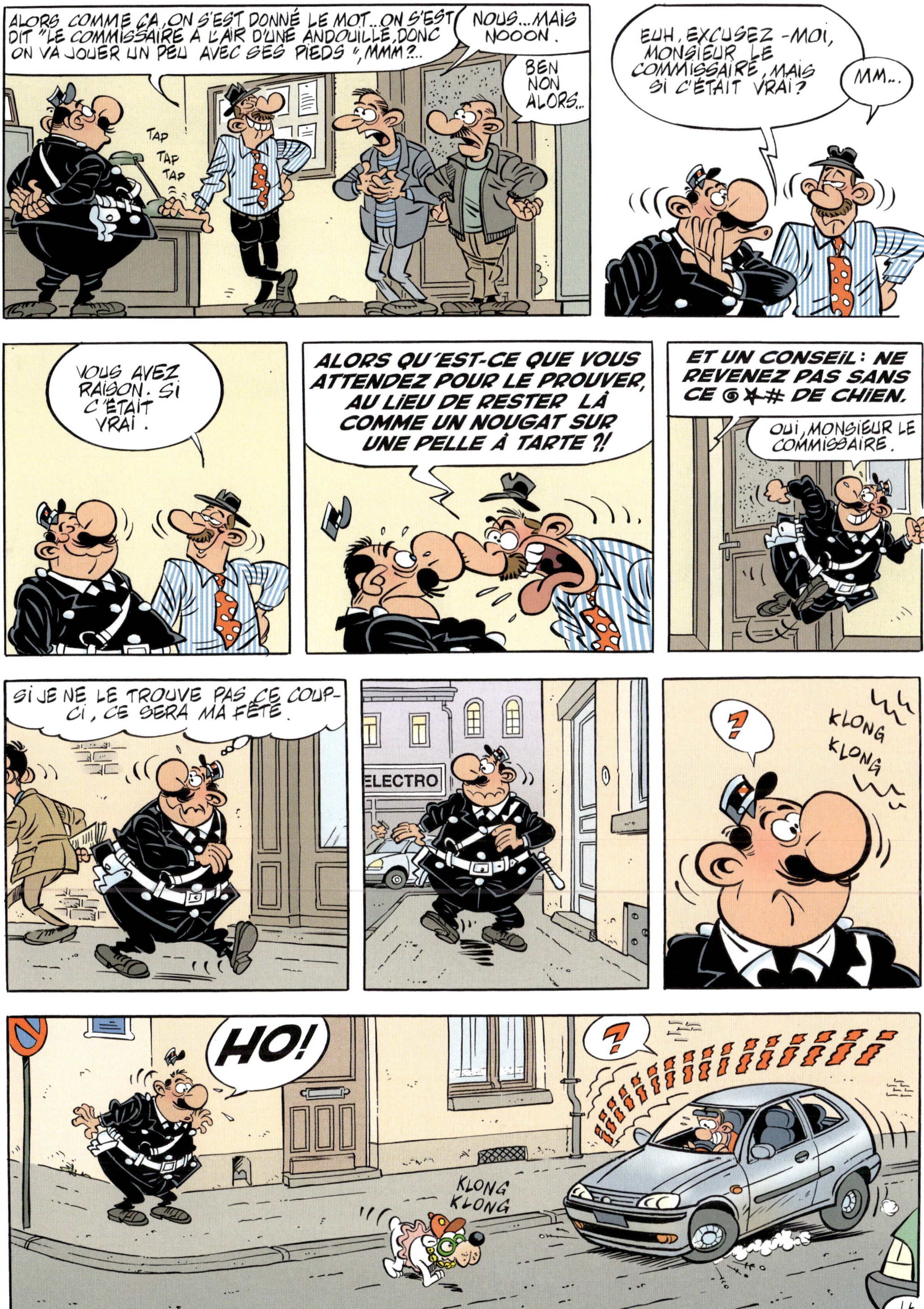

ALORS COMME ÇA, ON S'EST DONNÉ LE MOT... ON S'EST DIT "LE COMMISSAIRE A L'AIR D'UNE ANDOUILLE, DONC ON VA JOUER UN PEU AVEC SES PIEDS", MMM?...
TAP TAP TAP
NOUS... MAIS NOOON.
BEN NON ALORS...
EUH, EXCUSEZ-MOI, MONSIEUR LE COMMISSAIRE, MAIS SI C'ÉTAIT VRAI?
MM...
VOUS AVEZ RAISON. SI C'ÉTAIT VRAI.
ALORS QU'EST-CE QUE VOUS ATTENDEZ POUR LE PROUVER, AU LIEU DE RESTER LÀ COMME UN NOUGAT SUR UNE PELLE À TARTE ?!
ET UN CONSEIL : NE REVENEZ PAS SANS CE @*# DE CHIEN.
OUI, MONSIEUR LE COMMISSAIRE.
SI JE NE LE TROUVE PAS CE COUP-CI, CE SERA MA FÊTE.
ELECTRO
?
KLONG KLONG
HO!
?
KLONG KLONG
4

KLONG
KLONG
WAF
BANG
BLING
KLING
QU'EST-CE QUI VOUS A PRIS DE FREINER COMME ÇA?
VOUS NE ME CROIREZ JAMAIS.
DITES TOUJOURS.
KLONG
KLONG
JE VIENS DE VOIR UN FLIC SAUTER SUR UN CHIEN BLANC AVEC UNE CASQUETTE, DES LUNETTES, DES GRELOTS ET UN TUTU...
QUI ÇA, LE FLIC ?
NON, LE CHIEN. J'AI À PEINE EU LE TEMPS DE LES ÉVITER... INCROYABLE, NON !?
CEPENDANT...
QU'EST-CE QUE...? C'EST PAS VRAI !? MAIS C'EST PAS VRAI !
C'EST LUI, OUI ! JE LE RECONNAIS.
AH, VOUS VOYEZ QUE NOUS AVIONS RAISON.
V...V...VOUS SAVEZ À QUI IL APPARTIENT ?
HÉLAS, NON, COMMISSAIRE. IL NE PORTE PAS DE MÉDAILLE.
ALORS PORTEZ-LE À LA FOURRIÈRE... ET SURTOUT QU'ON NE M'EN PARLE PLUS. JE SUIS FATIGUÉ ... MAIS FATIGUÉ...
DOMMAGE, IL AVAIT L'AIR INTELLIGENT.
ET NOUS, ON...ON PEUT PARTIR, MONSIEUR LE COMMISSAIRE ?
MMM ?
5

PEU APRÈS...
COMMENT ? ENCORE LUI ?
COMMENT ÇA, ENCORE LUI ?
FOURRIÈRE
EN UN MOIS, ON ME L'A DÉJÀ RAPPORTÉ DOUZE FOIS.
ET VOUS ÊTES CERTAIN QUE C'EST CELUI-CI ?
ET COMMENT ! UN CHIEN DÉGUISÉ COMME CELUI-LÀ, ÇA NE S'OUBLIE PAS FACILEMENT.
MAIS COMMENT SE FAIT-IL QU'IL S'ÉCHAPPE AUSSI SOUVENT ?
IL NE S'ÉCHAPPE PAS. C'EST SON PROPRIÉTAIRE QUI VIENT CHAQUE FOIS LE RÉCLAMER... JE VAIS VOUS DONNER SON ADRESSE. ÇA LUI FERA PLAISIR DE LE RETROUVER. IL A L'AIR D'Y TENIR, VOUS SAVEZ.
?
MONSIEUR HARDY, CE DOIT ÊTRE ICI... MAIS... QUE...
?
7
KLONG KLONG
ET ÇA VA NOUS COÛTER COMBIEN ?
BAH, COMME ÇA, À PREMIÈRE VUE, JE DIRAIS DANS LES TROIS MILLE EUROS.
CARROSSERIE HARDY
WAF WAF
PLUS TARD...
EUH... AHEM... CE N'EST PAS TRÈS LÉGAL CE QUE VOUS FAITES LÀ, MONSIEUR LE COMMISSAIRE...
ET SE SERVIR D'UNE PAUVRE BÊTE POUR S'ENRICHIR... C'EST LÉGAL, ÇA !?
7
KLONG KLONG
6N°506
CAUVIN - YAX 06

Le vœu

VIENS VOIR, MAMAN.
RRR
C'EST LA NUIT DES ÉTOILES FILANTES.
SAIS-TU QUE SI TU EN APERÇOIS UNE ET QUE TU FAIS UN VOEU, IL Y A BEAUCOUP DE CHANCES POUR QU'IL SE RÉALISE...
NOOON ?
SI.
LÀ !
ALORS TU EN AS FAIT UN ?
OUI.
?
?
?
?
?
526
CAUVIN - J. Kox 07
STOP

Sang gêne...

ALLEZ LES VERTS! ALLEZ LES VERTS!
AAALLEZ LES VERTS!
ALLEZ, PASSE LE BALLON!
CONTINUE, C'EST BON! AAALLEZ LES VERTS!
NON, ATTENTION!
oui...
EEH MAIS NOOON!
oui, oui...
ATTENTION... ATTENTION!
C'EST BON. C'EST BON.
BUT!
OH NOOON!
BUT!
OUAIIIS! BRAVO LES BLEUS! ON A GAGNÉ, ON A GAGNÉ!
?
NON MAIS.

Séquelles…

VOYEZ-VOUS, MONSIEUR LE COMMISSAIRE, PAR LA FAUTE D'INCONSCIENTS QUI ÉLÈVENT DES ANIMAUX EXOTIQUES SANS RIEN CONNAÎTRE DE LEUR BIOTOPE OU DE LEUR FAÇON DE VIVRE...
IL ARRIVE A' CERTAINS PROPRIÉTAIRES DE MAUVAISES SURPRISES.
AH BON ?
BEN OUI. PETITS, LA PLUPART DE CES ANIMAUX PEUVENT PARAÎTRE MIGNONS ET GENTILS...
MAIS UNE FOIS ARRIVÉS A' L'ÂGE ADULTE...
CELA PEUT MÊME PARFOIS, POUR CES INCONSCIENTS...
...ÊTRE DANGEREUX...
HELP
BRÔÔÔ
VOILÀ POURQUOI CERTAINS S'EN DÉBARRASSENT EN LES RAPPORTANT ICI.

D'AUTRES S'ÉCHAPPENT DE CHEZ LEUR PROPRIÉTAIRE... COMME CETTE MYGALE PAR EXEMPLE.
ELLE A ÉTÉ RETROUVÉE DANS UNE SALLE DE BAIN...
IL FAUT SAVOIR QUE LA MYGALE EST VENIMEUSE.
MAIS SON VENIN N'EST PAS MORTEL.
N'EMPÊCHE QUE SA MORSURE EST TRÈS DOULOUREUSE.
ELLE DISPOSE AUSSI DE POILS SUR L'ABDOMEN.
POILS QU'ELLE PROJETTE SUR SON AGRESSEUR.
?
GRATTE GRATTE
CES POILS SONT URTICANTS ET LAISSENT À COUP SÛR DES SÉQUELLES À CELUI QUI LES REÇOIT.
C'EST POUR CELA QUE J'AI UNE PENSÉE ÉMUE POUR LE PAUVRE AGENT QUI A MIS LA MAIN DESSUS.
VOUS POUVEZ.
... ET COMMENT VA LE HÉROS? Hi Hi...
MAMAN, ÇA VA.
GRATTE GRATTE GRATTE
CAUVIN - D. KOX 06
MERCI À MALIK
STOP

waf WAF !

WAF WAF WAF
WAF WAF WAF WAF
WAF
WAF WAF WAF WAF WAF
WAF WAF
WAF WAF WAF WAF WAF WAF WAF WAF
WAF WAF WAF WAF WAF WAF
WAF WAF WAF WAF WAF WAF WAF WAF WAF WAF WAF WAF WAF WAF WAF
BZZZZZZ
WAF
IL PARAÎT QU'IL EST COMME ÇA DEPUIS CE MATIN.
BON SANG, ON DIRAIT QU'IL A VU LE DIABLE.
521
CAUVIN

Imagination débordante

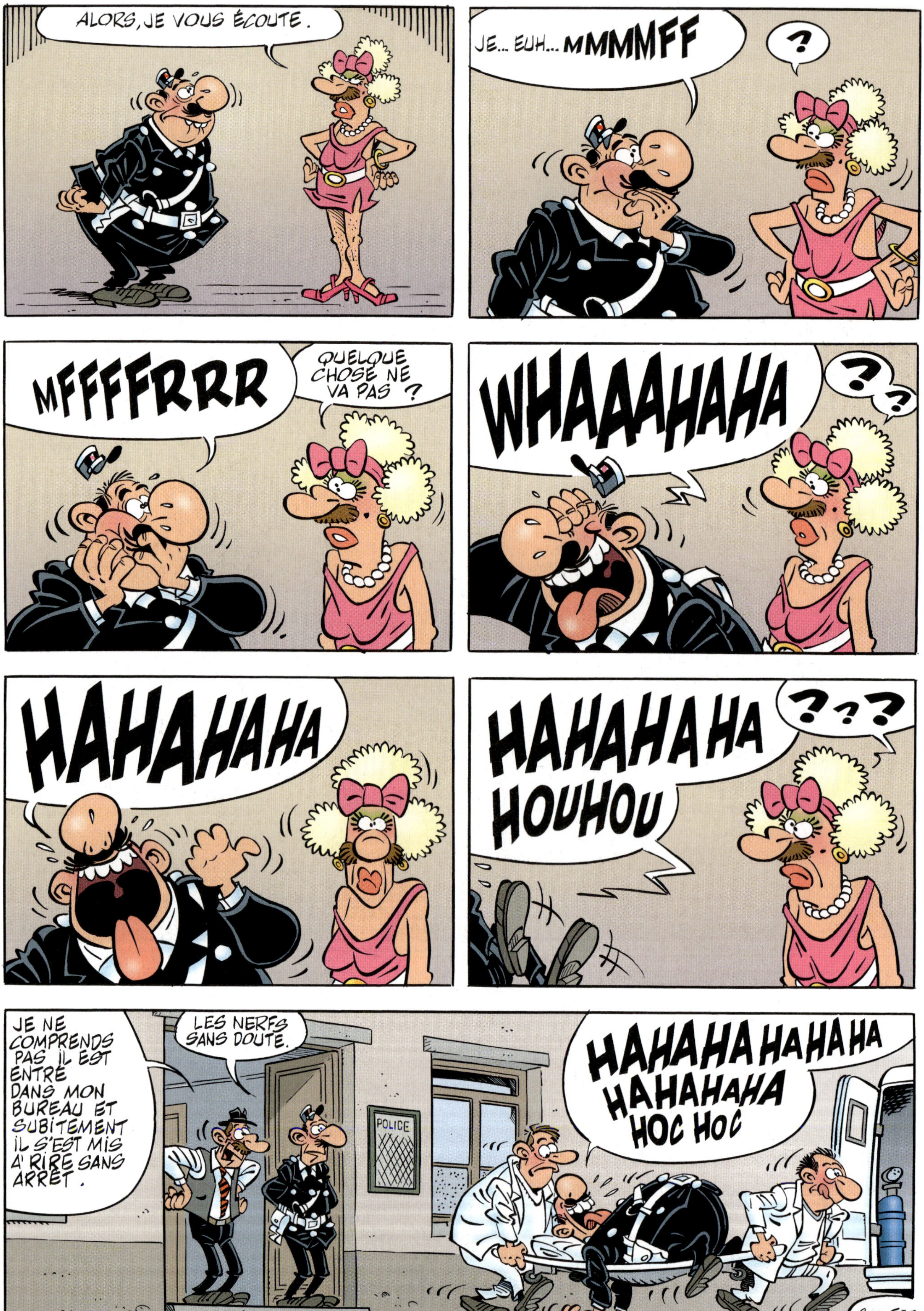
ALORS, JE VOUS ÉCOUTE.
JE... EUH... MMMMFF
?
MFFFFRRR
QUELQUE CHOSE NE VA PAS ?
WHAAAAHAHA
???
HAHAHAHA
HAHAHAHA HOUHOU
???
JE NE COMPRENDS PAS IL EST ENTRÉ DANS MON BUREAU ET SUBITEMENT IL S'EST MIS À RIRE SANS ARRÊT.
LES NERFS SANS DOUTE.
POLICE
HAHAHAHAHAHA HAHAHAHA HOC HOC
Z.N. 523
CAUVIN
STOP

Le poulet perd son sang froid

Un poulet nature

INCROYABLE. TU N'ES JAMAIS CONTENTE.
IIIIIIIIH C'EST QUOI, ÇA?
HAHAHA ! PAS DE PANIQUE, MA CHÉRIE. LES PETITES BÊTES NE MANGENT PAS LES GROSSES, QUE JE SACHE.
JE VAIS LA REMETTRE DEHORS. ET POUR CELA, IL SUFFIT SIMPLEMENT DE LA SAISIR DÉLICATEMENT ET DE...
RHAAA! ELLE M'A MORDU !
HI HI HI. EFFECTIVEMENT, LES PETITES BÊTES NE MANGENT PAS LES GROSSES. ELLES Y GOÛTENT SIMPLEMENT.
AÏE AÏE
AÏE
DE SALE BÊTE! TU L'AS MISE DEHORS?
NON, ELLE EST PARTIE SE RÉFUGIER DANS TON SAC DE COUCHAGE.
HOUHOUUUUU
QU'EST-CE QUE C'EST ?
'SAIS PAS, MOI. UN CHIEN ERRANT SANS DOUTE.
OU UN LOUP.
Y A PAS DE LOUP PAR ICI.
QU'EST-CE QUE TU EN SAIS ? ILS EN RÉINTRODUISENT PARTOUT POUR LE MOMENT.
HOUHOUUUUU
2

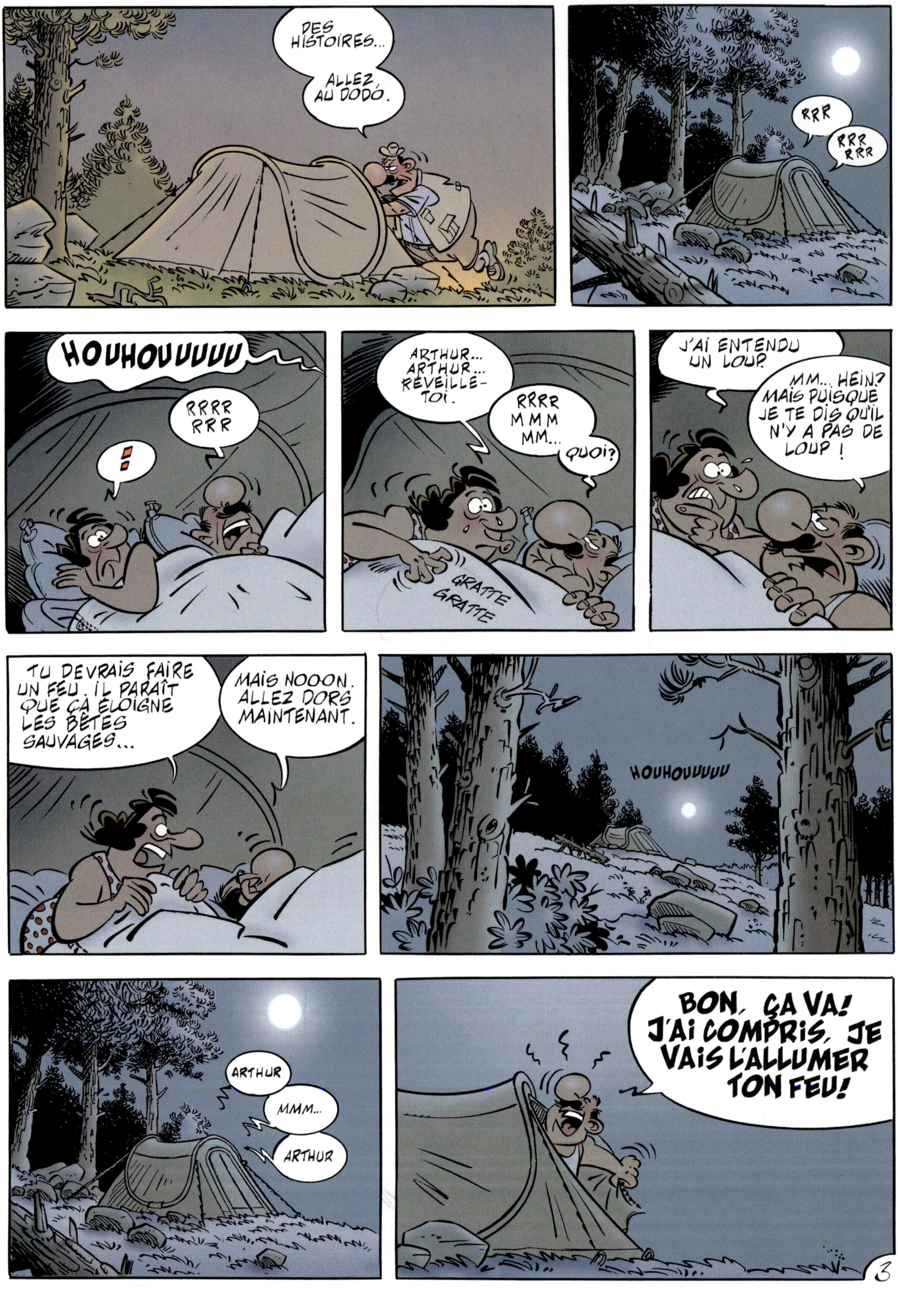

DES HISTOIRES...
ALLEZ AU DODO.
RRR
RRR RRR
HOUHOUUUUU
RRRR RRR
!
ARTHUR... ARTHUR... RÉVEILLE-TOI.
RRRR MMM MM...
QUOI?
GRATTE GRATTE
J'AI ENTENDU UN LOUP.
MM... HEIN? MAIS PUISQUE JE TE DIS QU'IL N'Y A PAS DE LOUP !
TU DEVRAIS FAIRE UN FEU. IL PARAÎT QUE ÇA ÉLOIGNE LES BÊTES SAUVAGES...
MAIS NOOON. ALLEZ DORS MAINTENANT.
HOUHOUUUUU
ARTHUR
MMM...
ARTHUR
BON, ÇA VA! J'AI COMPRIS, JE VAIS L'ALLUMER TON FEU!

CRMMBL
KRRR
?
HOU HOU
RHAAAA
QU'EST-CE QUE C'ÉTAIT ENCORE ?
RIEN. RIEN DU TOUT.
BOM BOM BOM
PEU APRÈS...
SATISFAITE ? ON PEUT DORMIR, MAINTENANT ?
RRR RRR
RRR
RRR

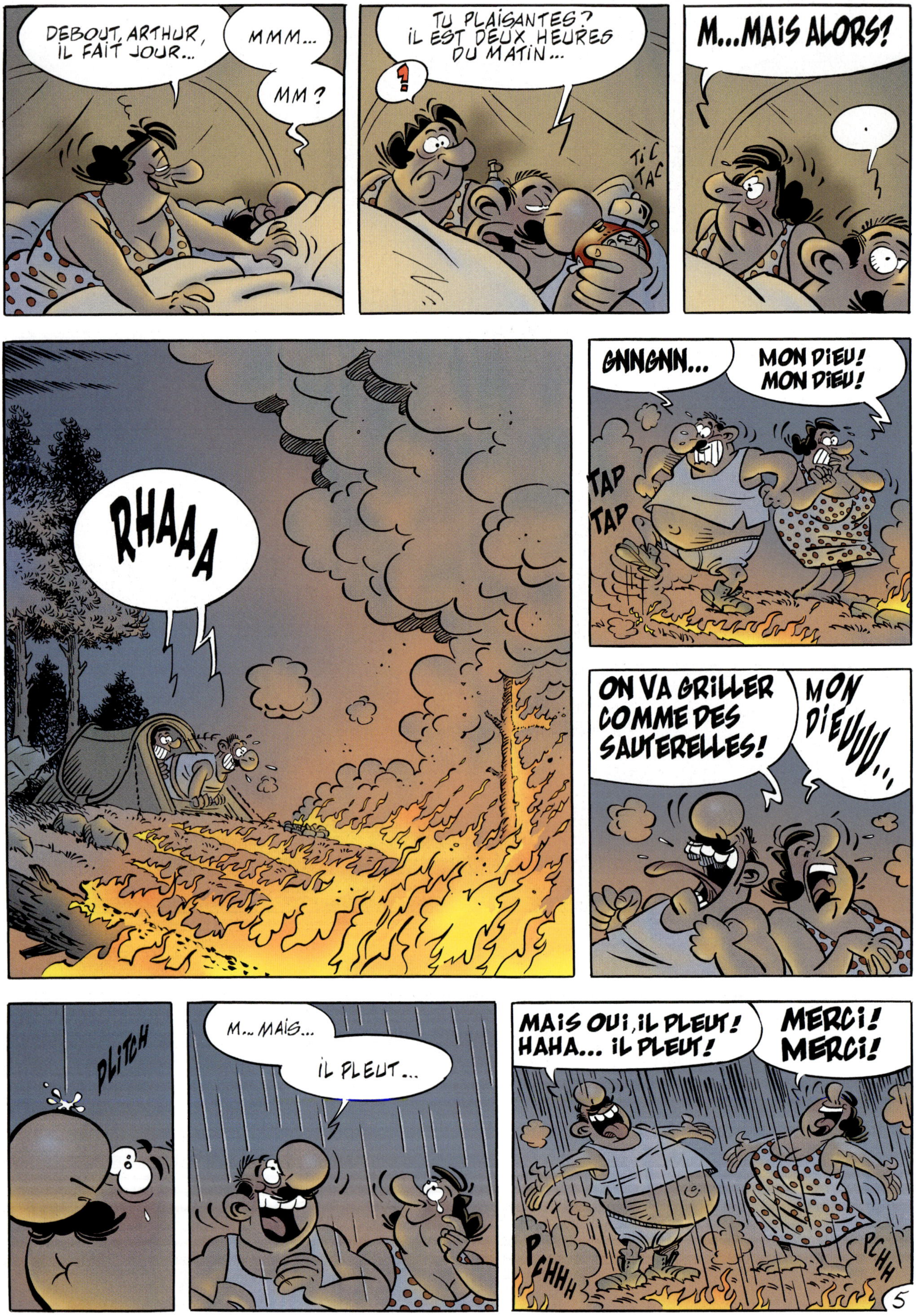
DEBOUT, ARTHUR, IL FAIT JOUR...
MMM...
MM ?
TU PLAISANTES ? IL EST DEUX HEURES DU MATIN...
!
TIC TAC
M...MAIS ALORS!
.
RHAAA
GNNGNN...
MON DIEU! MON DIEU!
TAP TAP
ON VA GRILLER COMME DES SAUTERELLES!
MON DIEUUU...
PLITCH
M... MAIS...
IL PLEUT...
MAIS OUI, IL PLEUT! HAHA... IL PLEUT!
MERCI! MERCI!
PCHHH
PCHH

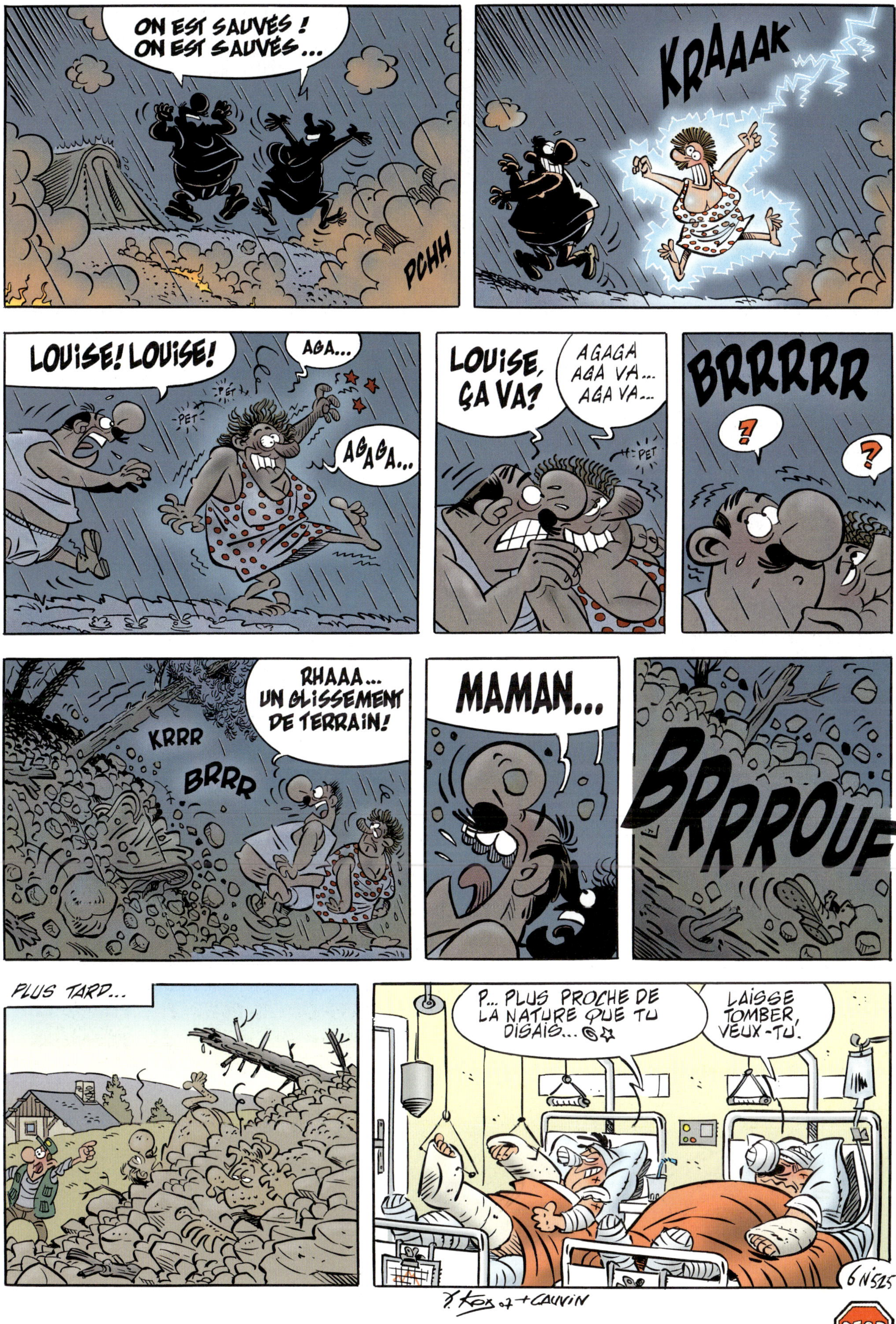

ON EST SAUVÉS !
ON EST SAUVÉS...
PCHH
KRAAAK
LOUISE! LOUISE!
PET
AGA...
AGAGA...
LOUISE, ÇA VA?
AGAGA
AGA VA...
AGA VA...
PET
BRRRRRR
?
?
KRRR
BRRR
RHAAA... UN GLISSEMENT DE TERRAIN!
MAMAN...
BRRROUF
PLUS TARD...
P... PLUS PROCHE DE LA NATURE QUE TU DISAIS...
LAISSE TOMBER, VEUX-TU.
6 N525
Y. KOX 07 + CAUVIN

STOP

Un poulet dans le bain

Gag à la tronçonneuse

POURQUOI? VOUS VOULEZ LE FAIRE À MA PLACE ?
CERTAINEMENT PAS.
MAIS SI TEL AVAIT ÉTÉ LE CAS, J'AURAIS AU MOINS PENSÉ À INSTALLER UN PÉRIMÈTRE DE SÉCURITÉ, LÀ-DESSOUS.
ALLONS ALLONS. POUR QUELQUES BRANCHES. VOUS RIGOLEZ?
NON, JE NE RIGOLE PAS
ET PUIS ZUT. J'EN AI MARRE. JE REMBALLE.
KLIK
C'EST ÇA, DU BALAI! ET QUE JE VOUS Y REPRENNE PLUS!
!
KLANG
PLUS TARD...
MONSIEUR LE COMMISSAIRE C'EST 212. IL AURAIT COMME QUI DIRAIT UN PETIT PROBLÈME...
?
BIEN SÛR QU'ON VA VOUS APPORTER UNE ÉCHELLE... MAIS AVANT, J'AIMERAIS AVOIR UNE EXPLICATION DES PLUS CONVAINCANTES.
? ? ?
Z N°528
STOP

Mode d'emploi

Tombe la neige

TCHOMP
TCHOMP
TCHOMP
PLITCH
PLITCH
FLAP
FLAP
FLAP
KiKiiiiii !
JE LUI DIS ?
MM... NON...
ATTENDS QU'IL AIT FINI DE DÉBLAYER LE TROTTOIR.
212
KiKiii?
TCHOMP
TCHOMP
CAUVIN

Au goût du jour

RETROUVEZ

L'AGENT 212

POIDS LOURD DU RIRE,
CHAQUE SEMAINE
DANS

SPIROU